LES
PRISONNIERS DE GUERRE

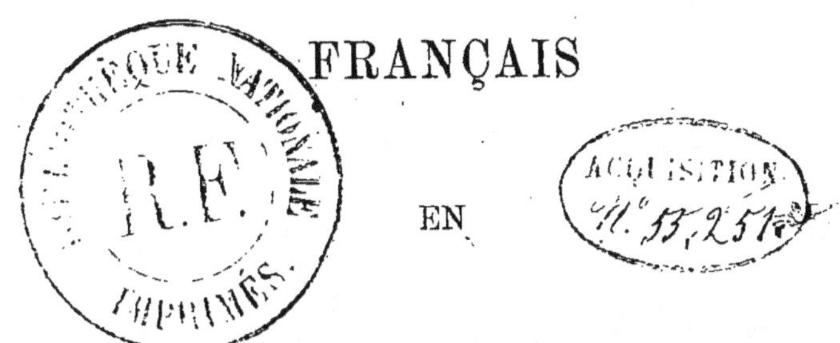

FRANÇAIS

EN

WURTEMBERG

Pendant la campagne 1870—1871.

STUTTGART.

IMPRIMERIE DE J. B. METZLER.

—

1871

A TOUS

MES DONATEURS ET COLLABORATEURS

CONNUS ET INCONNUS.

Leur bien reconnaissant mandataire,

G. DE CHAULIN.

I.

Jusqu'au milieu du mois d'octobre, les blessés et les malades de Wissembourg, Wörth et Sédan, soignés dans les hôpitaux de Stuttgard, Ludwigsbourg et Gmünd, absorbèrent presque tout mon temps, et m'empêchèrent de m'occuper des prisonniers d'Ulm qui n'avaient pas encore, au reste, à souffrir des rigueurs de la mauvaise saison.

A Stuttgard, trois hôpitaux ou ambulances reçurent nos malades et blessés; la maison des apprentis catholiques, 3 blessés de Wörth; l'hospice des bourgeois, 3 zouaves et un turco de Wörth; tous les quatre très-grièvement blessés, mais qui pourtant, comme les trois premiers, se rétablirent parfaitement grâce à un traitement aussi long que consciencieux; et enfin l'hôpital de la garnison dans lequel furent admis 44 hommes dont 5 blessés et 39 malades.

La plupart de ces hommes pris à Sedan, arrivèrent ici dans un état épouvantable, épuisés par la fatigue et les privations de tous genres, dont ils eurent le plus à souffrir pendant le transport de Sédan à Pont-à-Mousson. L'infanterie de marine surtout, peu habituée aux marches, fournit partout de nombreux contingents de malades. La dyssenterie fut la maladie dominante à l'hôpital militaire, dans lequel 10 malades succombèrent. Toutes les fois que je me suis trouvé à Stuttgard, j'ai assisté à l'enterrement de ces malheureux, auxquels plusieurs de nos officiers rendirent également et souvent les derniers honneurs. Le cercueil porté à bras de l'hôpital au cimetière par des soldats wurtembergeois, était précédé d'un peloton avec armes et tambours, et suivi par le prêtre catholique, ayant derrière lui le reste de la compagnie, sans fusils; j'ai même vu des officiers wurtembergeois faire partie du cortége. Nos convalescents obtenaient facilement l'autorisation de rendre les derniers honneurs à leurs camarades. Après avoir béni la fosse, le prêtre, suivant l'usage du pays, adressait à l'assistance une courte allocution, après laquelle l'escorte tirait trois salves d'honneur. M. Jettinger, vicaire de l'église catholique de Stuttgard, et spécialement chargé des soins spirituels de l'hôpital militaire, a fait preuve du plus grand dévouement et ses allocutions funèbres étaient de petits chefs-d'œuvres qui arrachaient des larmes à toute l'assistance. Les mêmes honneurs funèbres étaient rendus dans tous les dépôts à nos soldats.

Les deux premiers établissements, desservis l'un par des soeurs et l'autre par des diaconesses, ne laissaient rien à désirer. Le président de l'oeuvre des apprentis, M. de König, et le sous-directeur, M. Pfahler, rivalisaient de zèle et de bonté avec les soeurs; à l'hospice des bourgeois, les trois zouaves, vieux soldats qui avaient déjà souvent passé par les hôpitaux, ne parlaient qu'avec des larmes de reconnaissance de la manière dont ils étaient traités. Mais quant à l'hôpital militaire, malgré le zèle et le dévouement dont le docteur Crönlein, médecin en second, ne cessa de donner les preuves les plus éclatantes, l'absence de soins féminins ne se faisait que trop sentir. Au bout de quelque temps, il est vrai, grâce à une haute intervention que tous les malades et blessés ont eu bien souvent l'occasion de bénir, quelques diaconesses y furent installées, malgré les scrupules de l'autorité médicale supérieure, et il se produisit une légère amélioration.

On pourrait s'étonner du chiffre modeste de mes distributions dans les hôpitaux de Stuttgard, mais le Sanitäts-Verein de cette ville, comité de la croix rouge, m'accorda très-largement tous les effets dont nos hommes pouvaient avoir besoin, et madame Broun, dont j'aurai l'occasion de parler à propos de Ludwigsbourg, distribua de son côté dans les hôpitaux de Stuttgard:

25 chemises flanelle,
13 chemises coton,
16 paires caleçons laine,
12 bonnets de nuit,
14 paires chaussettes,
8 paires pantoufles,
4 paires de bottes,
3 camisoles laine,
4 cache-nez,
2 ceintures flanelle,
2 paires pantalons.

J'ai souvent rencontré, en outre, dans les ambulances des personnes apportant à nos soldats les petites douceurs permises par les règlements. On ne les oublia pas non plus pour la veille de Noël, la grande fête de famille des Allemands, à Stuttgard, grâce à M. Siegle, nos malades de l'hôpital militaire et ceux de Ludwigsbourg, grâce au concours de Mlle de Lancken, furent initiés aux joies de l'arbre de Noël, ce qui se reproduisit dans beaucoup d'autres dépôts.

Il est au reste très-désirable que le Sanitäts-Verein de Stuttgard publie un compte rendu détaillé de son rôle pendant cette campagne. Son admirable organisation et sa philantropie réellement internationale ont rendu des services inouïs, et ses trains-ambulances qui allaient chercher les blessés jusque sur les champs de bataille, ont sauvé un grand nombre de nos hommes, officiers et soldats, et ont excité l'admiration de toutes les personnes qui ont pu en étudier les détails.

En fait de prisonniers valides, Stuttgard n'a eu que des officiers, le maréchal Canrobert, entre autres, avec son état-major, le général de Wimpffen et ses officiers, quelques officiers de l'état-major du maréchal Mac-Mahon. Le nombre des prisonniers a atteint en Wurtemberg le chiffre de 13,126 hommes dont 98 officiers.

A Ludwigsbourg, on installa nos malades et blessés dans des barraques spacieuses et pouvant se chauffer, établies hors de la ville dans une position très-belle et très-saine, mais qu'il fallut pourtant évacuer en partie quand le froid devint rigoureux. Le major Löffler, commandant, et le docteur Ott, médecin en chef de cette ambulance, méritent les plus grands éloges.

Le chiffre des malades et des blessés s'est élevé à Ludwigsbourg à 886 sur lesquels il y a eu 86 décès, causés:

12 par suite de blessures,

2 amputations,

15 typhus,

14 petite vérole,

9 dyssenterie,

5 paralysie des poumons,

5 fièvre lente,

5 fièvre cérébrale,

5 poitrinaires,

4 fluctions de poitrine,

4 fièvre d'hôpital,

4 fièvre gastrique,

1 hydropisie,

1 catarrhe intestinal.

J'ai fait au reste les honneurs des ambulances de Stuttgard et de Ludwigsbourg à trois officiers prisonniers, M. de Gaudemaris, chef d'escadron d'état-major, et MM. d'Harcourt et d'Arcy, lieutenants de chasseurs d'Afrique, qui se montrèrent on ne peut plus satisfaits de ce qu'ils virent.

Ludwigsbourg ne reçut des prisonniers valides que plus tard, après la reddition de Metz. Au commencement de septembre, pourtant, le général Besson, chef d'état-major du 5me corps, demanda à être interné dans cette ville avec quelques-uns de ses officiers. L'infortuné général ne devait sortir de captivité que pour être une des premières victimes de la commune.

A Gmünd, petite ville dont l'air est très-pur et très-sain, nous avons eu en tout 111 blessés et malades établis également sous de spacieuses barraques. Les soeurs de charité qui y ont une maison mère, avaient été chargées de tout ce qui concernait l'ambulance, qui, grâce au dévouement de ces admirables filles et à celui du docteur Teuffel, aux soins spéciaux duquel nos hommes se trouvaient confiés, reste pour moi le type d'un établissement modèle.

Le froid fit plus tard évacuer les barraques; leurs habitants furent installés dans l'ancien château transformée en caserne, dont les vastes localités convenaient parfaitement à cet usage.

A Plochingen, les chevaliers de Saint Jean recueillirent dans leur hôpital 2 de nos blessés, que les soins les plus empressés ne pouvaient malheureusement pas sauver. A la Solitude, près de Stuttgard, les secours de la science furent également impuissants pour sauver le seul et unique Français de cette ambulance.

II.

Les premiers prisonniers arrivèrent à Ulm les 9 et 19 septembre, en tout 5000 hommes, de Sedan; puis le 8 novembre, 650 hommes de la garde, et le 11, 2000 de Metz. Au commencement de décembre, une partie de la garnison de la Fère, artillerie mobile et compagnie d'ouvriers, plus tard enfin des hommes de l'armée de la Loire et de celle du général Faidherbe. Au moment de l'armistice, le nombre total s'élevait à 8600 environ.

Dans le principe, on établit sur une prairie située au bord du Danube un camp provisoire avec environ mille tentes d'abri, pouvant servir à 5 ou 6000 hommes; mais la mauvaise saison, toujours très-pernicieuse à Ulm, dont le climat rivalise avec celui de Munich, força bientôt d'abandonner ce camp et de répartir les prisonniers dans 15 forts ou casernes, dont on trouvera le détail au chapitre de mes distributions.

Les officiers logeaient en ville, à l'exception de 3 officiers indigènes de tirailleurs, établis à la citadelle, mais traités du reste comme les autres.

Toutes les localités habitées par les prisonniers, même les

casemattes, étaient munies d'appareils de chauffage, et chaque homme avait un paillasson, un oreiller et une grosse couverture.

Chaque fort était divisé en un certain nombre de sections, chacune commandée par un sous-officier français, et ceux-ci à leur tour par un de nos sergents-majors ou maréchaux-de-logis. Presque tous ces chefs de forts ont rendu de grands services, et j'en cite plus loin quelques-uns dont on ne peut assez louer les efforts.

La nourriture était celle du soldat wurtembergeois et préparée par les prisonniers. Je n'ai pas cru devoir m'arrêter aux plaintes qui m'étaient adressées à ce sujet, car il me semblait impossible de réclamer pour nos hommes un autre traitement que celui accordé aux enfants du pays.

Quand le temps le permettait, un quart environ des prisonniers était employé aux travaux des fortifications et recevait 6 kreutzer (environ 25 centimes) par jour; d'autres travaillaient en ville et pouvaient gagner 1 franc; 200 hommes, en outre, furent détachés à Ellwangen pour être employés comme bucherons dans les forêts de l'état. Ils y restèrent près de six mois, et le travail régulier leur fut si salutaire qu'ils n'ont eu qu'un seul décès à déplorer. Ils viennent de passer par Stuttgard pour rentrer en France, et leur bonne tenue a frappé toutes les personnes qui ont pu les voir. Les habitants d'Ellwangen avec lesquels ils avaient vécu dans les meilleurs termes, les ont escorté musique en tête jusqu'à l'embarcadère.

Quant aux sous-officiers, un tiers assistait aux travaux, un autre tiers avait la surveillance des forts, et le troisième pouvait circuler librement en ville. Les simples soldats ne sortaient que sous escorte. Quelques sous-officiers et gendarmes étaient, en outre, employés aux écritures dans les bureaux des autorités militaires.

Les soins spirituels ne furent pas oubliés. Trois aumôniers français se sont succédés à Ulm. L'abbé Besnard, aumônier de la duchesse de Hamilton, et l'abbé Guers, chapelain de Saint Louis des Français à Rome, n'y restèrent que peu de temps.

Le P. Joseph, par contre, n'en a pas bougé depuis le mois d'octobre jusqu'à présent. Il dit la messe, confesse et administre la communion tous les jours dans l'église catholique de la ville, et le dimanche dans un vaste local qui peut contenir de 3 à 4 mille hommes et que j'ai toujours vu rempli. Chaque homme recevait facilement l'autorisation d'assister trois fois par semaine à la messe.

Les protestants, en très-petite minorité, au reste, 104 à peu près, étaient confiés à un diacre d'Ulm, parlant le français. Toutes les fois qu'un ecclésiastique de cette confession a demandé l'autorisation de célébrer un service religieux, elle lui a été accordée, mais on a interdit, et avec raison, l'entrée des forts aux missionnaires trop ardents qui distribuaient avec une prodigue impartialité des petits traités et des livres de propagande.

Les juifs et les turcos ont eu également l'occasion de célébrer les cérémonies de leurs cultes.

Les prisonniers ont été même mis en état de se procurer, quoique un peu tard, les petites douceurs que le gouvernement ne pouvait pas leur accorder. A partir du mois de décembre, le ministère de la guerre français leur a fait payer, par l'entremise de la légation anglaise à Stuttgard, un rappel de solde depuis la captivité et consistant en 25 centimes par jour pour les soldats et 50 c. pour les sous-officiers. Je dois avouer que les cantines, cabarets et brasseries n'en ont que trop largement profité.

La conduite de nos hommes a donné lieu à peu de plaintes ; les turcos surtout se faisaient remarquer au point de vue de la discipline et de la propreté. Au lieu de gaspiller leur argent, ils l'employèrent à se procurer des effets chauds. Le fort 32, dans lequel ils se trouvaient presque tous avec quelques zouaves et gendarmes, est celui qui a le moins reçu d'effets de moi, parce qu'il en a le moins demandé.

Il faut pourtant adresser aux prisonniers deux reproches qu'il m'est impossible de dissimuler. Le premier se rapporte à la vente des effets distribués, qui dans les hôpitaux se pratiquait sur une grande échelle, et qui rendait le rôle de distributeur très ingrate et très difficile. Le second concerne le manque d'égard et de politesse, dont beaucoup d'hommes se rendaient coupables vis-à-vis de leurs propres officiers, qui par un sentiment bien naturel, hésitaient à porter plainte et à faire aggraver encore la position de ces malheureux.

III.

Je me rendis à Ulm comme je l'ai dit plus haut, pour la première fois au milieu d'octobre; m'étant mis en rapports avec le Père Joseph qui pouvait naturellement me donner les meilleurs renseignements sur l'état des besoins, j'avoue que l'étendue de la tache que je m'étais imposée, me parut presque au-dessus de mes forces, mais sans me laisser aller au découragement, je revins à Stuttgart me mettre sérieusement à l'oeuvre. L'Angleterre, la France, l'Autriche, Stuttgard même, reçurent des appels dont le succès dépassa toutes mes espérances, car je ne pouvais croire qu'à moi seul, sans comité et sans charlatanisme, je parviendrais à un résultat aussi inouï que celui que j'ai obtenu et en m'adressant relativement à aussi peu de personnes.

Dès le 25 octobre, je pus faire à l'aumonier un modeste envoi, et le 2 novembre, j'en apportai moi-même un plus considérable à Ulm; désirant juger par mes propres yeux de ce qu'il y avait à faire, je consacrai huit jours à visiter les forts et les hôpitaux dont l'entrée me fut accordée avec la plus grande facilité. Toutes les portes m'ont été ouvertes à deux battants, et je ne pourrai jamais assez reconnaître la bienveillance dont le gouverneur de la forteresse, le lieutenant-général prussien de Prittwitz et le capitaine son fils et aide de camp n'ont cessé de me donner des preuves ainsi qu'à mes clients, et qui ont singulièrement facilité tous les deux la mission que je m'étais octroyée. Le général bavarois Dietl, commandant des forts et de Neu-Ulm, le lieutenant-colonel de Sonntag spécialement chargé du commandement des prisonniers, le major de Reichstadt, aide de camp du gouverneur, ont droit également à une mention de reconnaissance toute spéciale, et je pourrais au reste nommer tous les officiers avec lesquels je me suis trouvé en rapports, car pendant les trois mois que j'ai passé à Ulm à différentes reprises durant la campagne, je n'ai jamais eu le moindre conflit ou le moindre désagrément avec les autorités militaires.

Je pus en outre me convaincre combien les plaintes qui sont parvenues jusqu'aux journaux, au sujet du traitement subi par nos prisonniers étaient éxagerées et souvent même sans aucun fondement.

Au 17 novembre 1870 les 7750 hommes internés alors à Ulm, avaient reçu du gouvernement wurtembergeois:

<pre>
    880 manteaux,
   1200 tuniques,
    870 pantalons,
    150 casquettes,
   3916 caleçons,
   7250 chemises,
   2262 ceintures flanelle,
  11105 paires chaussettes,
    505 bandages de linge pour les pieds,
    810 brosses,
   2543 paires de chaussons,
   2525 livres de savon.
</pre>

Ces chiffres officiels m'ont été communiqués par M. Gaupp, intendant militaire, dont l'extrème obligeance ne s'est jamais démentie.

Le gouvernement wurtembergeois surpris comme tout le monde, par la guerre, sa durée, et le nombre inouï des prisonniers, se trouvait naturellement dans l'impossibilité de calmer immédiatement et d'un seul coup, les besoins souvent pressants de ces infortunés; mais je le répète, il a fait toute ce qu'il était humainement possible de faire, et pour ne pas le reconnaître, il faut n'avoir rien vu ou rien voulu voir de ce qui se passait dans les dépôts.

Il est bien entendu que je ne parle que de ce que j'ai vu par moi-même en Wurtemberg et dans deux villes de Bavière, Neu-Ulm et Roggenbourg. J'ai su pourtant, par les assertions verbales ou écrites d'officiers et de soldats, que dans différentes villes, à Magdebourg le général et madame de Hanstein, à Erfurt le général et madame de Michaelis, à Ichtershausen le docteur Hassenstein, à Dillingen, Lechfeld, Neubourg (Bavière), le lieut.-colonel de Carneville, le major Vogel, et le lieut.-colonel de Gmainer, ont fait tous leurs efforts pour adoucir le sort des malheureux qui se trouvaient sous leurs ordres.

De retour à Stuttgart, les dons en argent et en nature commençaient à affluer, et je me rendis à Ludwigsbourg et au Asperg où venaient d'arriver des prisonniers de Metz. Par suite de transports ultérieures provenant en grande partie de l'armée de la Loire et de celle du Nord, le chiffre total des prisonniers au moment de l'armistice s'élevait à 2224 pour Ludwigsbourg et à mille à peu près pour l'Asperg. La dispersion des autorités militaires et médicales de ce dépot, par suite de sa suppression, m'a mis dans l'impossibilité de connaître le chiffre des malades, blessés et morts. Les décès ont dû pourtant y être assez nombreux, car la petite vérole et le typhus s'y étaient déclarés. Asperg eut bientôt également un aumônier spécial, l'abbé Dufaure, du diocèse de Toulouse.

L'était sanitaire de ces deux transports était assez mauvais, par suite des fatigues et de la mauvaise nourriture pendant le siège de Metz, mais les hommes étaient bien couverts et très généralement munis d'effets de laine, ils réclamaient surtout des chaussettes dont je fis distribuer 149 paires au Asperg et 489 paires à Ludwigsbourg.

Le 17 novembre je revins à Ulm avec une forte cargaison de gilets de tricot, caleçons, chaussettes etc., dont la froid n'indiquait que trop la nécessité.

L'aumônier étant appelé au moins deux fois par jour dans chacun des trois hôpitaux, dans lesquels la mortalité était très forte à cette époque, et se trouvant naturellement bien mieux en état que moi, d'en juger les besoins réels, je le prévins que je ne m'occuperais pas des ambulances, et que je me consacrerais exclusivement aux prisonniers. Pour pourvoir aux premiers besoins, je mis au reste à sa disposition, le magnifique envoi du prince A. de Saxe-Coburg, et de la princesse Clémentine d'Orléans son auguste épouse.

Sans compter les infirmeries établies dans les forts, dont la population flottante se renouvellait sans cesse, et par lesquelles je commençais toujours mes visites, nos malades étaient répartis dans trois vastes casernes transformées en hôpitaux, bien-aërées et dans lesquelles les soeurs et les diaconesses se partageaient les soins avec les infirmiers. La nourriture et la propreté ne laissaient rien à désirer. Grâce à l'obligeance de M. Goll, chirurgien en chef, et de M. Böhm, chef militaire du service sanitaire, j'ai eu à ma disposition les documents officiels dont sont extraits les chiffres suivants:

Les blessés parmi lesquels se trouvaient quelques officiers avaient été presque tous réunis au Kienlesberg; leur nombre s'est élevé à 553, dont 35 succombèrent.

Voici le nombre officiel des malades, avec le genre de maladies, et le chiffre des décès:

33	blessures par accidents . .	0 décès
481	maladies externes	0
222	galle	0
361	syphilis	0
70	maladies des yeux	0
127	fièvres intermittentes . . .	1
754	fièvres gastriques	0
502	typhus	155
251	dyssenteries	16
1	choléra	0
1	scorbut	0
196	fièvres éruptives	5
532	affections de poitrine . . .	85
5	inflammation de cerveau . .	4

A reporter: 3536   266

Report: 3536   266
         283 inflammations du bas ventre   3
          73 tuberculeuses   22
        1161 maladies internes   14
        5053   305
         553 blessés   35
        5606   340

Ce chiffre du mouvement des hôpitaux a bien son éloquence, et prouve que nos malades n'ont pas été délaissés; le typhus et la dyssenterie ont relativement fait peu de victimes, le fièvre gastrique aucune. Le 10 juin il restait encoré 85 hommes à l'hôpital qui vont être rapatriés prochainement par un train-ambulance, à l'exception de huit poitrinaires ou tuberculeux, qui n'auront plus la joie de revoir leur patrie. Depuis la redaction des notes dont je me suis servi, il en est mort encore 10 de ces deux terribles maladies, ce qui porte le chiffre des décès au 10 juin à 350.

Sur 13126 prisonniers internés en Wurtemberg 551 sont décedés (chiffre officiel), dont

         350 à Ulm,
          86 à Ludwigsbourg,
          47 à Gmünd,
          10 à Stuttgard,
          11 à Weingarten,
           2 à Plochingen,
           1 à la Solitude,
         507, resteraient donc 44 pour Asperg et Mergentheim.

Ce séjour fut de plus de trois semaines pendant lesquelles je vis arriver des hommes de Metz, de la Fère et de Thionville, ces derniers étaient internés à Neu-Ulm (Bavière), mais quoique la vieille et la nouvelle ville ne soient séparées que par la Danube, je m'étais fait un cas de conscience de circonscrire mon action au Wurtemberg, car en disséminant mes faibles ressources, je n'aurais obtenu nulle part un bon résultat. Un officier bavarois de mes amis, me fit pourtant un tableau si pitoyable de l'état des nouveaux arrivés et ma caisse se trouvait si bien remplie que je me rendit à Neu-Ulm, avec le capitaine de Prittwitz qui avait eu l'attention de me proposer de m'accompagner, pour m'éviter toutes difficultés, en me faisant reconnaître dans les forts et en me présentant à leurs commandants.

Je fus agréablement surpris de trouver que ces hommes n'étaient pas si dépourvus qu'on avait pu le croire au moment de leur arrivée, sous le coup des fatigues du voyage et du transport.

On peut au reste diviser les prisonniers en trois catégories. Les premiers ceux de Wörth et Sédan, partis pendant la belle saison, et ayant perdu sacs et bagages, arrivèrent manquant de tout. Ceux des forteresses, par contre, étaient en général largement pourvus d'effets de laine, gilets de tricot, ceintures de flanelle etc. Les derniers enfin, ceux des armées de la Loire et du Nord se trouvaient, pour la plus part, dans un état effroyable.

A partir de ce moment Neu-Ulm participa régulièrement et largement à mes distributions, car ses 1050 hommes et son hôpital reçurent 1355 objets et 37 bouteilles de vin.

Je fis également une excursion à Weingarten, petite ville située à quelques lieues du lac de Constance et dont l'ancien et splendide, couvent de bénédictins renfermait 600 hommes de la garde; ils étaient admirablement installés, et venaient de voir arriver un aumônier le Père Dominget, du diocèse de Belley.

Les besoins m'ayant été taxès à 300 gilets de tricot, je pus les envoyer quelques jours plus tard. Le comité de Bâle, leur envoya directement au mois de janvier:

> 384 chemises flanelle,
> 500 paires chaussettes.

Les 600 hommes de Weingarten ont donc reçu au minimum 1184 objets.

Ils ont perdu 11 hommes, principalement par suite du typhus, assez fort au moment de ma visite; ce dépôt fut plus tard transféré à Ulm, ce qui porteraient à 9207 le nombre total des prisonniers ayant été internés dans cette ville.

Vers le 10 décembre, ayant à peu près épuisé ma caisse et mes effets, je quittais Ulm, me flattant de n'avoir plus laissé beaucoup de misère derière moi, car pour cette forteresse seule, le chiffre de mes distributions se montait à 5323 objets dont 2635 gilets de tricot, plus de trois mille vêtements de dessous.

Mais au bout de quelques jours de nouveaux transports venaient remplir toutes les localités disponibles de Ludwigsbourg; Gmünd recevait 500 hommes et Mergentheim 230.

Des miracles incessants de charité remplissants ma caisse et les envois d'effets du comité de Bâle, prenants de splendides proportions, je pus distribuer immédiatement à Ludwigsbourg 200 gilets de tricot.

De nouveaux prisonniers étant encore annoncés et prévoyant la nécessité d'un prochain retour à Ulm, j'eus le bonheur de pouvoir confier mes clients de Ludwigsbourg et d'Asperg à une personne dont la modestie me pardonnera de proclamer bien haut les immenses services rendus par elle, pendant ces tristes temps. Madame Broun, originaire de la Suisse, et mariée à un gentleman écossais avec lequel elle habite Stuttgard depuis quelques années, s'était vouée dès le principe à nos malades et à nos blessés, auprès desquels elle veilla maintes fois dans la maison des apprentis et s'était fait adorer dans les hôpitaux de Stuttgard et de Ludwigsbourg. Je n'avais pas l'honneur de la connaître, mais nous devions nécessairement nous rencontrer le tricot à la main, et ayant appris qu'elle était en rapports directs avec des comités Suisses, je la priai de vouloir bien s'occuper exclusivement de Ludwigsbourg et d'Asperg, m'offrant naturellement de mettre à sa disposition les objets qui pouvaient lui manquer.

J'ai pris ~~Depuis~~ les notes qu'elle a bien voulu me communiquer. elle a reçu en argent :

du comité de Lausanne . . 1100 fr.
du comité de Vevey . . . 400 fr.
d'amis en Ecosse . . . . 9250 fr.
d'amis en Suisse . . . . 1045 fr. 17 c.
d'amis à Stuttgard . . . . 1373 fr. 96 c.
____
13169 fr. 13 c.

plus en nature des envois des comités de Bâle et de Lausanne et de la ville de Dumfries, Ecosse, qui lui permirent de distribuer à Stuttgard, les objets cités plus haut; à Ludwigsbourg:

1168 chemises de flanelle,
760 chemises de coton,
653 camisoles de laine,
147 camisoles en coton,
250 ceintures de flanelle,
380 cachenez,
56 pantalons,
120 caleçons laine,
192 bonnets de nuit,
350 mouchoirs de poche,
500 paires chaussettes laine,
28 paires bottes et souliers,
6 paires pantouffles laine,
180 paires pantouffles paille,
7000 cigarres,
1 caisse de livres;

à Asperg:

127 chemises flanelle,
90 chemises coton,
175 vieilles chemises,
159 caleçons,
50 camisoles de laine,
100 ceintures flanelle,
500 mouchoirs de poche,
100 paires chaussettes laine,
70 paires sabots fourrés,
1 paquet de livres.

Cette excellente dame a en outre dépensé une somme de 1850 francs en articles divers, tels que douceurs alimentaires pour les malades, blessés et convalescents, sommes en argent en moment du départ et transport d'articles.

Madame Hardcastle, dame anglaise également fixée à Stuttgard et par l'entremise de laquelle me sont arrivés de très beaux dons, a dépensé directement :

972 francs provenant d'Angleterre,
100 — — de Suisse

employés à l'achat de 300 chemises de flanelle et de coton et de quelques paires de souliers.

Une autre dame de Stuttgard, également au nombre de mes bienfaitrices, mais dont je suis forcé de respecter l'anonyme a depensé directement 1500 francs pour Ludwigsbourg.

M. Bourquin, pasteur protestant Suisse, fixée à Stuttgard a employé 165 francs pour le même objet.

Le digne aumônier de Ludwigsbourg, le Père Bigot, véritable type de dévouement et de charité évangéliques a reçu deux mille francs du comité de Lille, presidé par M. de Melun.

Les prisonniers de Ludwigsbourg, n'ont donc pas eu à se plaindre, car pour 2224 hommes je trouve un total de 5633 objets et une somme de 3665 francs dont je ne peux pas indiquer l'emploi.

Le 19 décembre, je me rendis à Gmünd; ma première visite fut pour les malades et les blessés dont le nombre avait singulièrement diminué et auxquels mes cigarres et quelques livres firent grand plaisir. Selon son habitude, le Sanitäts-Verein de Stuttgard, leur fournissait tous les effets nécessaires. Le nombre des décès, causés principalement, par le typhus et la dyssenterie, ne s'est élevé qu'à 47. L'ambulance de Gmünd est la seule de Wurtemberg, dans laquelle le typhus tacheté dont nos troupes eurent tant à souffrir pendant la guerre de Crime, se soit montré. Le docteur Teuffel a employé avec beaucoup de succès dans les affections typhoïdes le vin de Zucco, dont M. le duc d'Aumale avait eu la bonté de me faire envoyer 200 litres de Palerme. Les 500 prisonniers étaient bien établis sous les barraques; ils appartenaient en grande partie aux armées de la Loire et du Nord; beaucoup de mobiles.

153 tricots, 103 caleçons, 61 paires de chaussettes me furent demandés et immédiatement distribués. Le major d'Englert, commandant, et le lieutenant Keller déployaient tout le zèle possible dans l'exercice de leurs fonctions. Ici encore nous retrouvons l'infatigable madame Broun qui distribue au mois de janvier:

    496 chemises de coton,
     50 chemises flanelle,
     50 ceintures flanelle,
     30 camisoles laine,
    498 paires chaussettes laine,
     72 paires sabots fourrés,
      1 paire de pantalons.

Les 500 hommes de Gmünd ont donc reçu au minimum 1581 objets.

Quant à Mergentheim — 14 heures de chemin de fer pour aller et retour — j'attendais pour m'y rendre l'arrivée annoncée de nouveaux prisonniers, et qui heureusement ne s'est jamais réalisée. J'envoyais en attendant pour les 230 hommes qui s'y trouvaient 120 tricots. Le commandant, major Bauer, me répondit que grace à d'autres envois, ses hommes se trouvaient à l'abri du besoin.

Bâle leur envoya directement:
    192 chemises flanelle,
    112 ceintures flanelle,
    300 paires chaussettes,
     60 bonnets, cachenez, cravattes et plastrons,
    120 mouchoirs et mitons.

Les 230 hommes reçurent au minimum 904 objets.

Je suis malheureusement forcé de répéter pour Mergentheim ce que j'ai déjà dit pour Asperg, l'évacuation de ce dépôt m'a mis dans l'impossibilité d'obtenir des renseignements sur le nombre des malades et des décès.

IV.

Le 8 janvier, je repartis pour Ulm, avec la ferme intention et les moyens de ne plus y laisser aucune misère sérieuse. Mais j'y appris de suite et officiellement qu'on y attendait encore huit mille prisonniers, pour lesquels on était en train de construire des barraques. C'était un coup effroyable! Au moment où je me flattais de pouvoir mener mon oeuvre à bonne fin, me retrouver presque à mon point de départ, et cela à la fin d'une guerre qui avait du épuiser toutes les bourses et fatiguer les coeurs les plus généreux. Je n'hésitais pourtant pas à lancer quelques appels désespérés. Ne voulant pas sacrifier les intérêts de ceux qui souffraient depuis longtemps, en réservant mes ressources jusqu'au moment encore incertain de l'arrivée des nouveaux, je repris mes distributions. Mes espérances furent plus que réalisées. Le comité de Bâle me fit un envoi splendide de 26 immenses ballots, dont on trouvera le détail plus loin, et m'annonça en outre son intention d'établir un grand dépôt d'effets à Ulm; la conclusion de l'armistice, fit renoncer à ce projet devenu inutile. Mes amies de Stuttgard redoublèrent d'ardeur et m'envoyèrent des chemises de flanelle, chaussettes, cachenez, mitaines etc., et les envois d'argent atteignirent pendant le mois de janvier et le commencement de février, le chiffre énorme de 5024 florins 6 kreutzer ou environ 10800 francs, sur lesquels le comité de Lille, grâce à la bienveillante obligeance de M. Siegle d'ici, doit figurer pour 4000 francs, mademoiselle M. Martin réunit 1300 francs à Pau, madame la maréchale de Mac-Mahon, dont je n'ai pas l'honneur d'être connu personnellement, voulut bien m'envoyer mille francs, et je reçus en outre du docteur Evans, de la part de «the Society for clothing the french prisoners in Germany» la somme de trois mille francs, avec la condition d'étendre mes distributions à trois dépôts bavarois, Dillingen, Lechfeld et Ingolstadt. Il me fut d'autant plus facile de satisfaire ce désir, que mes pressentiments ne m'avaient pas trompé, les prisonniers attendus ne devaient plus arriver à Ulm.

Pour en finir avec la question des recettes en argent, je dirai maintenant qu'elles se sont élevées à 10886 fl. 59 kr., 22550 francs environ qu'on peut décomposer de la manière suivante:

France. . , . . . 6183 fl. 30 kr.

dans lesquels je fais entrer naturellement les 2340 fl. 54 kr. envoyés par les princes et princesses de la maison d'Orléans.

Angleterre . . . . 2594 fl. — kr., plus à
    Mmes Broun et Hardcastle . . 10,222 francs.
Stuttgard . . . . . 847 fl. 44 kr.
    Mmes Broun et Anonyme . . . 2075 francs.
Saxe . . . . . , . 52 fl. 30 kr.
Autriche . . . . . 673 fl. 30 kr.
Suisse . . . . . . 345 fl. — kr.
    Mmes Broun et Hardcastle, M. Bourquin:
                      2810 fr. 17 c.
Russie . . . . . . 101 fl. — kr.
Brésil . . . . . . 45 fl. — kr.
Buénos Ayres . . . 43 fl. 45 kr.

C'est à madame la princesse Constantin Hohenlohe, dont je connais depuis longtemps l'excellent coeur, que je dois les beaux envois de Vienne.

Mes déboursés personnels, 377 fl. 12 kr., ou environ 806 fr., ne figurent pas aux dépenses. En les faisant entrer dans les recettes, j'arrive pour les miennes au chiffre de 11,213 fl. 8 kr. ou 23,237 fr., et à celui de 17,108 fr. envoyés ou employés en dehors de moi, soit en tout 40,445 francs que je sais avoir été envoyés en Wurtemberg, et en y ajoutant les sommes sur lesquelles je n'ai pas eu des renseignements, les ressources dont disposaient les aumôniers, je ne crains pas de porter le chiffre de l'argent recueilli pour les prisonniers du Wurtemberg à un minimum de 80,000 francs.

Stuttgard, malgré les sommes énormes déjà mises par ses habitants à la disposition de toutes les institutions de bienfaisance créées depuis la guerre, figure pour 3900 fr. environ dans le chiffre total des recettes [1]). Je ne trouve pas de termes pour exprimer mes remercîments à tous ces généreux donateurs envers lesquels la reconnaissance m'est bien douce.

Je nageais naturellement dans l'abondance, et après être parvenu, je l'espère du moins, à calmer les souffrances d'Ulm et de Neu-Ulm, je pus penser à étendre le cercle de mes envois à des dépôts dans lesquels d'anciennes relations me permettaient de compter sur de bonnes distributions, ou dont les besoins m'avaient été particulièrement signalés.

A la fin de janvier, 1500 hommes de l'armée de Bourbaki étaient arrivés à Roggenbourg et autant à Ottobeuren, deux petites villes de Bavière. Ils avaient été pris à Pontarlier, et après les avoir vu à leur passage à Ulm, je me rendis à Roggenbourg qui n'est qu'à 5 lieues de mon quartier général.

Le commandant, major Königer, me fit les honneurs avec la plus grande bienveillance, ainsi que le médecin dont je regrette d'avoir oublié le nom. Je fus particulièrement touché de la conduite d'un grand propriétaire de l'endroit, le comte de Geldern, qui avait laissé sa famille à Munich pour revenir servir d'interprète à nos soldats auxquels il rendit d'immenses services. Beaucoup de mobiles faisaient partie des prisonniers, dont l'état sanitaire était assez mauvais. La petite vérole pernicieuse sévissait principalement. Les deux dépôts reçurent immédiatement les effets les plus nécessaires.

A Dillingen, Lechfeld et Ingolstadt, les intentions du docteur Evans furent largement dépassées; ces trois dépôts, ainsi que celui de Landshut, ont été en outre très-largement traités par le comité de Bâle; Landshut, Neubourg et Augsbourg, en Bavière, Magdebourg, Erfurt, Cosel (Prusse), Eisenach (Saxe-Weimar) et Ichtershausen (Saxe-Gotha) profitèrent de mes envois.

A la fin de février, je quittais Ulm dont les 8600 hommes avaient reçu de moi 13,446 objets; le total pour le Wurtemberg s'élevait à 14,976, pour 13,126 hommes avec 98 offi-

---

[1]) Le Sanitäts-Verein a réuni à lui seul plus de 50,000 florins.

ciers dont quelques-uns à peine m'avaient fait le plaisir d'accepter mes offres, et en ajoutant les envois dans les autres dépôts, à 22,079 pièces de vêtements, sans compter, bien entendu, le vin, les livres, cigarres, pipes, tabac, etc. En ajoutant à ces 14,976 objets les 1668 envoyés à Mergentheim et Weingarten par le comité de Bâle, et les 7751 distribués par Mmes Broun et Hardcastle, nous arrivons à un chiffre de 24,395 objets.

Les dons en nature furent, je le crois du moins, d'une plus grande importance encore que ceux en argent. J'ai parlé plus haut du magnifique envoi du prince et de la princesse Auguste de Saxe-Cobourg. Le comité international de Bâle (croix verte), pour secours aux prisonniers de guerre, s'est montré d'une libéralité dont je ne peux assez le remercier. Ses deux envois, l'un de 16, l'autre de 26 immenses ballots, 5 grandes caisses de livres, 1000 paquets de tabac [1]), dépassent tout ce que l'on peut se figurer. C'est par l'intermédiaire de la comtesse Alise Zeppelin, Française d'origine, que je fus mis en rapports avec les membres de ce comité. Après s'être consacrée avec toute l'énergie du dévouement et de l'abnégation aux prisonniers de Rastadt, elle laissa également à Ulm des preuves éclatantes de sa bienfaisance.

M. Renevier, professeur à Lausanne, m'adressa de cette ville, à la fin de novembre, un très-bel envoi de vêtements; M. Perdonnet, secrétaire du comité de secours aux prisonniers français, constitué à Lausanne, me fit vers la même époque plusieurs beaux envois de 5 caisses d'effets et de 600 francs argent. Honneur à la Suisse! notre pauvre patrie a contracté envers elle une bien grande dette de reconnaissance pendant cette guerre. Les autres objets proviennent presque tous de Stuttgard, où deux Françaises de naissance, Mme Livingstone, que ses nombreux amis ont eu la douleur de perdre au mois de janvier, et Mme Landauer, m'ont rendu les plus grands services. Je ne dois pas oublier le petit comité des ceintures

---

[1]) J'en ai remis 500 à Mme Broun pour Ludwigsbourg.

et des cravattes de flanelle; nos excellents amis, Sillem, les promoteurs de l'idée, étaient au reste bien connus dans les ambulances de Ludwigsbourg et de Gmünd.

Je m'aperçois un peu tard que je n'ai pas indiqué comment les distributions se faisaient; je me rendais successivement dans chaque fort, priant les officiers allemands de faire dresser par les chefs de sections la liste des soldats dont les besoins étaient les plus pressants. Un écorvée venait le lendemain chez moi chercher les objets, dont la répartition se faisait d'après ces listes (dont j'ai le double) par les sous-officiers français et allemands, sous la surveillance de l'officier commandant. Il a dû se présenter certainement beaucoup d'abus; mais il m'était matériellement impossible de distribuer moi-même à chaque individu, ce qui n'aurait au reste nullement empêché les abus de complaisance et de vente.

Dans d'autres dépôts, à Mayence, Rastadt, Magdebourg entre autres, des commissions d'officiers français se chargeaient des distributions; c'était un excellent système, mais je n'en ai eu connaissance que trop tard, quand les habitudes étaient déjà prises, et j'étais en outre trop heureux des facilités qui m'étaient accordées par les autorités militaires, pour les fatiguer en leur adressant à chaque instant de nouvelles demandes.

Après une excursion en France que le terrorisme de la Commune me fit abréger singulièrement, je fis en mai ma dernière visite à Ulm; un hôpital était évacué, les deux autres renfermaient encore 354 hommes qui, à l'exception de quelques poitrinaires, devaient pour la plupart être compris dans les trains de repatriement.

Tous ces hommes étaient bien fournis d'effets, et ayant appris que les besoins dans les forts étaient également à peu près nuls [1]), je me décidais à envoyer 3000 francs à Mme la maréchale de Mac-Mahon pour l'oeuvre de la banlieue de Paris, dout j'avais pu moi-même constater l'état épouvantable, avant les dernières horreurs qui lui étaient réservées.

---

[1]) Au 10 juin, tous les prisonniers avaient quitté Ulm.

J'envoyais en outre 600 francs dans deux communes fortement éprouvées. Je ne crois pas avoir encouru par là le blâme de mes généreux collaborateurs; les dons qui m'ont été envoyés étaient destinés à secourir des Français. Ceux qui sont restés en dernier étaient à l'abri du besoin, j'en ai eu encore la preuve à leur passage par Stuttgard, et en entrant en France, ils recevront tout ce qui pourra leur manquer. Il m'a semblé plus juste et plus naturel de venir en aide aux victimes de crimes odieux et sans exemple, par l'intermédiaire de la digne et généreuse compagne du vaillant maréchal qui a mis fin à toutes ces horreurs.

Que tous mes donateurs et collaborateurs veuillent bien agréer mes vifs remerciements; ils ne pouvaient me faire un plus grand honneur que celui de me choisir comme distributeur de leurs bienfaits; j'ai agi le mieux que j'ai pu, et je suis heureux de le répéter en terminant, si tous nos prisonniers ont été traités comme ceux internés en Wurtemberg, ils n'ont pas le droit de se plaindre.

Stuttgard, juin 1871.

V.

Recettes en argent.

1870.			fl.	kr.
Oct.	11.	Comte de Paris	237	20
	22.	Comte d'Harcourt, s.-lieut. au 1er chass. d'Afrique	50	—
	26.	M. Sillem	100	—
		Par lui fil et rubans pour ceintures	5	—
	28.	M. Gray	28	30
		Par lui	20	—
		Mme de Cerini (Meissen)	52	30
		Comte Saurma et par lui	10	—
	30.	Par M. Sillem: M. Claussen	20	—
		M. Fein	3	30
		M. Spilcker	43	45
		X.	1	30
		Mme Steinthal	5	—
	31.	M. Kerckhoff	10	—
		Princesse Const. Hohenlohe (Vienne)	97	30
Nov.	1er.	Par comte Mosbourg (Comité français id.)	195	—
		Par princ. Hohenlohe (Com. patriotique id.)	97	30
		Duc d'Aumale	474	—
		Par Miss Caper: Angleterre	237	30
		Miss Deane	10	—
		Mme Mess	30	—
		Mme Landauer	10	—
	6.	Comtesse d'Olonne	9	30
		A reporter	1748	5

			fl.	kr.
		Report	1748	5
Nov.	6.	Par Mme Landauer: M. Hansen	5	45
		Mme de Gemmingen	3	30
		Mlle A. v. M. . .	3	—
		M. A. v. M. . . .	4	—
		Mlle A. S.	3	45
		P. K.	30	—
		S. M. P.	50	—
Nov.	7.	Par comte d'Harcourt, Angleterre . . .	118	30
	10.	D. U.	100	—
	12.	M. Adolphe Féderer	50	—
		Par Miss Caper, Angleterre	68	—
	13.	Par princesse Hohenlohe, comité des dames de Vienne	478	30
		Princesse Clémentine de Saxe-Cobourg .	200	—
		Duc Philippe de Wurtemberg	955	—
		Par comte d'Harcourt (pari)	16	30
		Par M. Cope: Mme Stuart Rindel, Angl. .	24	—
		Duc de Nemours	118	37
	26.	Par M. Sillem: Mme Kurtius	20	—
		Mme Meyer	10	—
		Mme Mess, deuxième versement	20	—
		Par elle	17	30
		Par comte d'Harcourt, Angleterre . . .	537	20
		M. Perdonnet, comité de Lausanne . .	295	—
		Madame de Glaser	2	—
		Par Miss Caper: Miss Parkers	6	50
		Duc de Chartres	118	57
		Prince de Joinville	237	—
		Par Mme Landauer: M. Eisenmann . .	5	—
		Mme S. Rothe . .	3	—
		Mme Keller	10	—
		Mme Ahrens	5	—
		Par elle	6	—
		A reporter . . .	5270	49

			fl.	kr.
	Report		5270	49
	Baronne H. de Reischach		20	—
	Baronne Ch. de Cotta		20	—
	Miss Ride . . . . , .		10	—
	Par Mme Hardcastle, Angleterre . .		60	—
Déc. 8.	Par M. Sillem: Mme Geffekten		100	—
	Mme Dr. Fichte . . .		5	—
	Mme Steinthal (2me) . .		10	—
	Mme de Schmidt . .		10	—
10.	Mme de Stolipine		50	—
	Miss Murray		42	—
	M. Galup de Buénos Ayres		43	45
	Mme Landauer et par elle M. Betz . .		12	—
	Mlles Schlikoff		51	—
	Agio sur Napoléons		—	19
Janv. 1871.	Miss Murray		10	—
	Par Mme Landauer: G. Ox. 10. D. W. 20		30	—
	Par Ctesse d'Olonne: Mme de Lambertye .		17	30
	Mlle Martin . . . . fr.	110		
	Réunis par elle à Pau: Mme Paturle	500		
	Mme Delalin	100		
	Mme Boscary de Romain . .	100		
	Mme Daron	100		
	Mlle Sillem	45		
	Mme Homan	20		
	Mme Constantini	20		
	Mme de Lavergne	25		
	Mlles d'Angôsse	30		
	M. Brunton	20		
	M. Hary	25		
	Mme Mérillon	20		
	Mme Roy de Berger . . .	40		
	Mme Grunadaz	50		
	M. G. O'Guin	35		
	A reporter . . fr.	1240	5762	83

		fl.	kr.
Report . . . . fr. 1240		5762	33
Marquise de Cherirey . . .	20		
M. Vatin	40		
	1300	611	—
Mme Hofacker		10	—
Par M. Siegle. comité de Lille: 4000 fr. .		1895	—
Par M. Cope, Angleterre		30	—
Comtesse Zeppelin, Baden-Baden . . .		190	—
Comtesse S. Martin du Nord		23	6
Mme de Dreyfuss		20	—
Par comtesse d'Olonne, comité de Nancy .		235	—
Maréchale Mac-Mahon		465	—
Flanelle vendue		2	—
Février. M. d'Arcy, sous-lieut. au 1er chass. d'Afr.		10	—
Vicomtesse Santo Amaro		45	—
Par Dr. Evans: Society for clothing etc. 3000 fr.		1391	30
Mme Ehrard		21	—
Maréchal Canrobert, voiture et harnais vendus		125	—
		10,835	59
Erreur		1	—
		10,836	59

Les recettes au 12 juin 1871 . 10,836 fl. 59 kr.
Les dépenses même date . . . 10,777 fl. 24 kr.
                                             59 fl. 35 kr.

ou 126 francs que je compte employer au mieux.

VI.

Dépenses.

		fl.	kr.
Octobre.	Renou, serg. fourrier au 64me, sortie de l'hôpital	1	—
	Pontet, serg. au 79me, id.	1	—
	Remis au P. Joseph à Ulm	100	—
	82 paires chaussettes	48	24
	24 caleçons tricot	20	24
	78 gilets de tricot	82	47
	47 aunes flanelle pour 103 ceintures	39	12
	fil et rubans pour ceintures	5	—
	14 livres tabac	5	54
	100 pipes	1	12
Novembre.	1058 gilets tricot (Benger)	1216	15
	34 id. (Fiederer)	44	—
	96 id. (Schmidt)	99	—
	300 id. (Gebhardt)	285	—
	730 id. (Denison)	833	—
	500 paires chaussettes (Benger)	200	—
	12 caleçons (Gebhardt)	9	36
	100 mouchoirs (Benger)	23	—
	Flanelle pour cravattes	77	36
	Id. pour ceintures	77	—
	Toile à emballage	3	20
	800 cigares	9	36
	Au P. Joseph p. M. Perdonnet	47	30
	A reporter	3229	46

		fl.	kr.
	Report	3229	46
	6 amputés congédiés	11	30
	Gratification à deux infirmiers, Ulm . .	19	—
	Douanes, ports, etc..	80	52
Décembre.	200 tricots (Benger)	230	—
	450 id. (Gebhardt)	429	—
	120 paires chaussettes (id.)	72	—
	124 caleçons tricot (id.)	101	—
	144 mouchoirs (Lotterer)	21	36
	2 chemises couleur	7	—
	Flanelle pour ceintures.	115	—
	1500 pipes.	18	36
	77 livres tabac à fumer	19	42
	75 cigarres	1	15
	35 estropiés congédiés	135	40
	Trappé, musicien au 13me chass. à p., prêt?	9	30
	Garsaud, sergent du génie, prêt . . .	10	—
	Am. Soins, mobile du Nord, prêt . . .	40	—
	Ports et menus frais	25	59
Janv. 1871.	2090 gilets de tricot (Meier)	1567	—
	600 id. (Meyer)	450	—
	300 caleçons de tricot (id.)	202	—
	135 chemises (id.)	128	—
	108 paires chaussettes (id.)	63	—
	100 id. (Gebhardt) . . .	35	—
	Flanelle pour cravattes.	75	—
	Bouteilles, bouchons, étiquettes p. Zucco .	34	48
	1 paire souliers	3	—
	Dupuy, gendarme malade	1	45
	Mon ordonnance	2	12
	Ports et menus frais	11	51
Février.	600 gilets de tricot (Meier)	450	—
	200 id. (Meyer)	150	—
	250 caleçons tricot (Meier)	187	—
	A reporter . . .	7938	2

		fl.	kr
	Report	7938	2
	250 caleçons tricot (Meyer)	168	—
	200 paires chaussettes (Meier)	100	—
	108 id. (Meyer)	59	24
	493 chemises (id.)	480	34
	A 4 chasseurs d'Afrique p. M. d'Arcy . .	10	—
	A Porcher Sologneau de 17 ans . . .	5	45
	6 paires pantouffles	6	18
	6 estropiés congédiés, Ludwigsbourg . .	30	—
	Voyage à Roggenbourg	10	—
	Mon ordonnance	7	6
	Ports, affranchissements, etc..	145	12
Mars.	Affranchissement, Ichtershausen	8	55
	De Beaufort et Laurenson, prêt. . . .	21	—
Avril.	Commune de Bréau (Seine-et-Marne), pour achat de grains	237	30
	Annonces pour voiture Canrobert . . .	6	6
Mai 16.	400 cigarres, hôpitaux Ulm	4	48
	A un chasseur à cheval, id.	1	10
	A un homme de Magdebourg p. cte d'Olonne	9	30
Juin 5.	1500 cigarres. 2 paquets tabac, transport de prisonniers	22	42
	A la maréchale Mac-Mahon pour l'oeuvre de la banlieue de Paris	1430	42
	Au marquis de Lauriston pour la commune de Villefrancoeur (Loir-et-Cher).	47	30
8.	1600 cigarres pour train de prisonniers .	24	—
	Déjeûner pour Lebreton à la gare . . .	1	10
10.	Gratification à un fourrier d'Ulm . . .	2	—
		10,777	24

VII.

Dons en nature.

Duc d'Aumale: 200 litres vin de Zucco.
Mme Mess: 6 bouteilles vin de Hongrie.
M. Jeannin: 18 bouteilles Bordeaux.
Princesse Clémentine de Saxe-Cobourg:

     144 molinos gastien,

     144 gilets de tricot,

     200 ceintures flanelle,

     288 paires de chaussettes.

Prince Auguste de Saxe-Cobourg:

     170 gilets de tricot,

     170 caleçons,

     340 paires chaussettes.

Baronne de Gasser et par elle: madame la princesse H. de Saxe-Weimar, la baronne Elise de König, le baron de Neurath, le baron de Hügel:

     67 caleçons,

     48 ceintures flanelle,

     19 paires pantouffles,

     90 paires chaussettes coton,

     29 bandages toile,

     6 gilets flanelle,

     2 jacquettes piqué,

     2 chemises,

     1 cachenez,

     5 cravattes flanelle.

Mlle Heuglin:

      3 paires chaussettes,
      6 robes de chambre.

Comte Greppi:

      9 paires chaussettes,
      4 caleçons,
      2 pantalons drap,
      1 gilet,
      2 chemises,
      1 paire bottines feutre,
      1 paire de guêtres.

Comtesse d'Olonne: 12 cachenez.

Comtesse Fr. Pückler-Limpurg: 6 paires chausettes.

Mme Kerkhof:

      3 gilets flanelle,
      1 redingotte,
      4 cravattes.

Mlle Seybold: 6 gilets de laine.

Mme Livingstone et par elle:

      1 redingotte noire,
      1 pantalon,
      2 chemises,
    56 cravattes flanelle,
    72 paires chaussettes,
    12 cachenez,
      6 caleçons,
      6 vareuses laine,
    15 chemises flanelle,
    12 paires mitaines.

Mme Landauer et par elle: M. de Hackländer, M. Hansen et autres:

    16 paires chaussettes,
      1 paire de gants,
      8 ceintures flanelle,
      6 chemises flanelle,
      4 caleçons,

19 chemises,
2 paires chaussures,
24 fichus coton,
2 foulards,
2 gilets flanelle,
6 vareuses,
6 cachenez,
4 paires mitaines,
1 livre café,
300 cigares.

Mme Meebold et par elle (Heidenheim):
12 paires chaussettes,
60 mouchoirs.

Mlle V. de Dellingshausen:
3 tricots sans manches,
2 paires chaussettes,
6 cachenez.

Mme de Stolipine:
1000 cigares,
18 cachenez,
18 paires mitaines,
1 tricot sans manches,
6 chemises coton,
6 paires chaussettes.

Mme de Tamiloff:
11 cachenez,
6 chemises flanelle,
6 paires chaussettes,
6 paires mitaines.

M. Benger: 6 gilets flanelle pour officiers.
M. Gordon:
2 chemises flanelle,
2 paires chaussettes,
1 caleçon,
1 gilet laine,
2 gilets,

                5 paletots,
                1 capuchon,
                1 paire de bottes.
Mme Stern (Cannstadt):
                20 paires chaussettes,
                2 chemises flanelle.
Mlles Schlickoff:
                17 paires mitaines,
                6 chemises flanelle,
                10 cachenez,
                6 paires chaussettes,
                12 chemises.
Mme Schwarzmann:
                3 paires chaussettes.
                2 gilets.
Mme Cammerer (Cannstadt): 9 paires chaussettes.
Mme de Grünewaldt: 6 paires chaussettes.
Mme de Schmidt:
                1 caleçon.
                2 ceintures,
                3 paires chaussettes,
                1 paire de bottes.
Baronne Ch. de Cotta: 15 paires chaussettes.
Comtesse Zeppelin (Baden-Baden):
                250 cigares.
                29 tricots,
                108 caleçons,
                1 robe de chambre,
                32 cachenez,
                44 chemises,
                277 paires chaussettes,
                8 paires mitaines,
                2 ceintures,
                3 paires manches,
                14 paires pantouffles,
                18 mouchoirs,

6 gilets flanelle,
6 gilets sans manches,
26 chemises flanelle.
8 vareuses,
6 casquettes,
6 bonnets coton.

M. Rennevier et par lui (Lausanne):

1 manteau,
25 pantalons,
7 redingottes,
9 gilets,
1 veston,
2 chemises,
4 chemises flanelle,
6 cachenez,
43 caleçons,
37 paires chaussettes,
6 paires semelles,
7 mouchoirs,
9 paires pantouffles,
5 ceintures flanelle.
30 vareuses,
3 paires de gants,
2 paires mitaines,
3 tricots,
7 molletons,
1 casquette,
2 paires guêtres.

Comité de Lausanne par M. Perdonnet (3 envois):

9 couvertures,
61 vareuses,
43 chemises,
23 ceintures de flanelle,
25 chemises flanelle,
138 mouchoirs,
1 foulard,

47 cachenez,
89 paires chaussettes,
14 caleçons.
4 gilets civils,
4 pantalons drap.
2 redingottes,
2 paletots,
10 tricots,
18 gilets flanelle,
3 jacquettes coton,
17 capuchons laine.
5 paires de gants.
9 bonnets,
1 paire bottes,
1 paire souliers et guêtres,
14 paires pantouffles.
2 paires mitaines,
2 paires manchettes.

Comité de Bâle par M. O. Schlumberger:

6 caisses de livres.
316 chemises flanelle.
553 gilets flanelle.
734 chemises,
3 couvertures.
6 gilets coton.
533 ceintures flanelle.
844 cachenez,
1 blouse toile.
548 mouchoirs.
85 pantalons.
35 gilets.
38 vêtements de drap.
2 manteaux impérmeables.
2707 paires chaussettes et bas.
154 gilets tricot laine.
192 casaquins tricot.

224 casaquins tricot,
6 gilets tricot,
150 vareuses,
553 caleçons,
12 chemises laines,
36 gilets,
40 punchos,
60 bonnets laine,
3 paires manches,
1000 paquets tabac, dont j'ai donnée 500 à Mme Broun.
Baronne de Chaulin :
3 paire bas,
2 gilets,
1 cravatte,
6 paires guêtres,
2 casquettes,
1 paletot,
3 pantalons,
1 veste,
1 gilet laine,
5 chemises,
1 chemise flanelle.

VIII.

Distributions d'effets.

WURTEMBERG.

1. Ulm. — Remis au R. P. Joseph, aumônier militaire.

144 molinos gastien,
458 tricots,
8 chemises flanelle,
27 gilets flanelle,
8 habits civils,
8 gilets civils,
8 pantalons,
6 robes de chambre,
354 ceintures flanelle,
664 paires chaussettes,
25 chemises,
223 caleçons,
37 mouchoirs,
10 cravattes et cachenez,
3 couvertures,
29 bandages,
6 casquettes,
3 paires guêtres,
34 paires de pantouffles,
6 capuchons,

2061 objets.

2 livres chocolat,
100 pipes,
13 livres tabac à fumer.

2. Hôpitaux.

A. Kienlesberg.

1 caleçon,
1 capuchon,
1 cravatte,
30 bouteilles Zucco,
200 pipes,
400 cigares,
80 paquets tabac.

B. Schülerplätzle.

4 chemises flanelle,
1 cachenez,
24 mouchoirs,
200 pipes,
400 cigares,
80 paquets de tabac.

C. Gaisenberg.

200 cigares,
80 paquets tabac.

D. Blessés congédiés.

6 tricots,
3 chemises flanelle,
2 vareuses,
10 ceintures flanelle,
8 paires chaussettes,
10 mouchoirs,
1 cachenez,
40 objets.

E. Laissé à madame de Reichstadt pour les hôpitaux.

30 chemises flanelle,
50 paires chaussettes,
24 cachenez,
4 punchos,
108 objets.

3. Officiers.

10 chemises flanelle,
4 gilets flanelle,
1 ceinture flanelle,
4 caleçons,
4 chemises,
2 paires chaussettes,
3 cravattes et cachenez,
28 objets.

4. Caserne Wangen et ville. Ouvriers et ordonnances.

26 tricots,
10 vareuses,
1 chemise flanelle,
1 gilet de flanelle,
21 chemises,
16 caleçons,
9 cravattes et cachenez,
14 paires de chaussettes,
1 mouchoir,
1 pantalon,
1 paire de gants,
101 objets.

5. Bastion du Danube No 1. 1138 hommes.

2 compagnies. Le 1er de Sédan, le 2me, grenadiers de la garde de Metz. Jansin, sergent-major au 2me grenadiers, tenait très bien sa compagnie.

389 tricots,
7 tricots laine,
24 vareuses,
34 chemises flanelle,
3 gilets flanelle,
13 ceintures flanelle,
14 pantalons,
267 paires chaussettes,

72 cravattes et cachenez,

94 mouchoirs,

141 caleçons,

170 chemises,

1 paire de manches,

9 paires mitaines,

7 paires pantouffles,

1 paire guêtres,

livres et pipes,

1246 objets.

6. Unter-Kuhberg No 29. 805 hommes.

410 tricots,

4 vareuses,

1 chemise laine,

3 chemises flanelle,

2 punchos,

3 tricots laine,

268 paires chaussettes,

2 ceintures flanelle,

3 pantalons,

1 redingotte,

120 chemises,

117 caleçons,

6 mouchoirs,

20 cravattes et cachenez,

1 paire de guètres,

3 paires mitaines,

9 bouteilles bordeaux (infirmerie),

livres et pipes,

964 objets.

7. Ober-Kuhberg No 32. 360 hommes.

La plus grande partie turcos de Sédan. Beaucoup de discipline, d'ordre et de propreté,

Vaille, maréchal des logis de la gendarmerie de Morbihan, commandant du fort, ne mérite que des éloges.

59 tricots,
1 ceinture flanelle,
337 paires chaussettes,
30 cravattes et cachenez,
27 caleçons,
49 chemises,
1 capuchon,
3 pardessus,
2 caoutchoucs,
6 casquettes,
9 bonnets feutre,
livres et pipes,
524 objets.

8. Eselsberg No 34. 446 hommes.

Bien tenu par Henry, maréchal des logis de la gendarmerie de Maine et Loire [1]).

354 tricots,
8 vareuses,
2 chemises flanelle,
12 ceintures flanelle,
89 paires de chaussettes.
15 cravattes et cachenez,
131 caleçons,
1 paire souliers,
8 paires pantouffles,
2 paires quètres,
1 redingotte,
52 chemises,
livres et pipes,
675 objets.

---

[1]) La première fois que je suis allé au fort 32, Lemonnier, simple soldat, me remit 3 fr. 75 c. pour ses camarades des hôpitaux, plus nécessiteux que lui, me dit-il.

9. Kiehnles-Bastion No 10.   348 hommes.

224 tricots,
11 vareuses,
7 chemises flanelle,
1 gilet flanelle,
96 caleçons,
114 chemises,
1 puncho,
145 paires chaussettes,
20 cravattes et cachenez,
11 mouchoirs,
6 pantalons,
1 paire gants,
livres et pipes,
<u>637</u> objets.

10. Wilhelmsbourg No 12.   1788 hommes.

Metz, 2 compagnies.
634 tricots,
2 chemises laine,
2 tricots laine,
18 vareuses,
25 chemises flanelle,
1 gilet flanelle,
162 ceintures flanelle,
361 chemises,
148 caleçons,
408 paires chaussettes,
98 cravattes et cachenez,
155 mouchoirs,
6 paires semelles,
4 paires pantouffles,
2 paires guêtres,
14 habits civils,
67 pantalons,

2 gilets civils,
2 paires de manches,
___
2111 objets.

11. Fort No 14. 656 hommes.

Infanterie de marine de Sédan. 3 très-bons sergents-majors: Bontoux, Lecomte et Ganter.

327 tricots,
26 vareuses,
26 chemises flanelle,
22 gilets flanelle,
64 ceintures flanelle,
83 chemises,
96 caleçons,
206 paires chaussettes,
133 cravattes et cachenez,
3 mouchoirs,
1 robe de chambre,
6 paires mitaines,
1 paire gants,
8 capuchons,
6 bonnets coton,
6 bonnets feutré,
5 paires pantouffles,
___
1019 objets.
3 bouteilles Zucco,
1 bouteille Bordeaux,
$\frac{1}{2}$ livre chocolat, livres et pipes.

12. Fort No 15. 249 hommes.

La Fère. Batteries mobiles de Hâvre, Aisne et Pas de Calais. Bien tenu.

96 tricots,
21 vareuses,
11 chemises flanelle,
10 gilets flanelle,

66 ceintures flanelle,
69 chemises,
65 caleçons, .
206 paires chaussettes,
74 cravattes et cachenez,
5 mouchoirs,
18 habits civils,
2 paires gants,
3 paires mitaines,
1 paire de bottes,
livres et pipes,
447 objets.

13. Fort No 16.   299 hommes.

Sédan.   Mal tenu, depuis la démission de Courtois, brigadier de gendarmerie de Jura.
202 tricots,
6 tricots de laine,
6 vareuses,
10 chemises flanelle,
4 gilets flanelle,
12 ceintures flanelle,
16 paires chaussettes,
64 cravattes et cachenez,
18 mouchoirs,
24 chemises,
61 caleçons,
1 paire bottes,
livres et pipes.
424 objets.

14. Fort No 36.   387 hommes.

Sédan.   Très mal tenu.
301 tricots,
2 tricots laine,
7 vareuses,
4 chemises flanelle,

4 gilets flanelle,
1 ceinture flanelle,
108 caleçons,
67 chemises,
141 paires chaussettes,
38 cravattes et cachenez,
10 mouchoirs,
1 paire bras,
4 paires mitaines,
livres et pipes,
______
688 objets.

15. Fort Prittwitz No 37. 200 hommes.

Sédan. Infanterie de marine. Fort modèle.

Le Breton, sergent-major au 2me régiment infanterie de marine, mérite les plus grands éloges.

167 tricots,
2 vareuses,
1 chemise flanelle,
3 gilets flanelle,
12 ceintures flanelle.
51 chemises,
90 caleçons,
141 paires chaussettes,
45 cravattes et cachenez,
20 mouchoirs,
1 paire bottes,
livres et pipes,
______
533 objets.

16. Fort Alpeck No 39. 991 hommes.

496 tricots,
11 vareuses,
10 chemises flanelle,
6 ceintures flanelle,
23 caleçons,
61 chemises,

273 paires chaussettes,
122 cravattes et cache-nez,
100 mouchoirs,
  1 paire souliers,
  1 paire guêtres,
    livres et pipes.
____
1122 objets.

17. Unter-Donau-Anschluss No 24. 581 hommes.

Le capitaine bavarois Schutz, commandant supérieur du fort, en avait fait un des meilleurs.

170 tricots,
  1 tricot laine,
  8 vareuses,
  2 chemises flanelle,
 15 ceintures flanelle,
 73 chemises,
 73 caleçons,
274 paires chaussettes,
 25 cravattes et cache-nez,
  7 mouchoirs,
 12 gilets civils,
  1 pantalon,
  2 paires mitaines,
  3 paires pantouffles,
    livres et pipes.
____
656 objets.

18. Weingarten. 600 hommes de la garde, Metz.

300 tricots,
 75 livres tabac à fumer,
 12 bouteilles vin de Zucco,
    livres.

19. Hohenasperg.

149 paires chaussettes,
  2 ceintures flanelle,

20 bouteilles Zucco,
   livres.

20. Ludwigsbourg. — Caserne d'artillerie.

100 tricots,
  1 paire guêtres,
   livres.

21. Caserne 3me régiment d'infanterie.

197 paires chaussettes,
   livres.

22. Caserne 1er régiment de cavalerie.

292 paires chaussettes,
   livres.

23. Caserne 4me régiment de cavalerie.

100 tricots,
 13 ceintures flanelle,
   livres.

24. Hôpitaux.

Au R. P. Bigot: 48 mouchoirs.
  12 paires mitaines,
  12 cache-nez,
100 cigares,
 28 bouteilles Zucco.

25. Gmünd. 501 hommes.

150 tricots,
  3 tricots sans manches,
  5 chemises flanelle,
103 caleçons,
  8 capuchons,
  3 couvertures,
  5 bonnets,
 61 paires chaussettes,
 18 mouchoirs,
 25 cravattes et cache-nez.

1 paire de bras,
2 paires de gants,
24 bouteilles Zucco,
   livres.
384 objets.

26. Mergentheim.

120 tricots.

27. Hôpitaux de Stuttgard.

6 paires pantouffles,
18 bouteilles Zucco,
   pipes, cigares et livres.

BAVIÈRE.

28. Hôpital de Neu-Ulm. 1050 hommes.

4 punchos,
5 tricots,
6 vareuses,
8 chemises flanelle,
60 paires chaussettes,
24 cravattes,
36 bouteilles Zucco,
1 bouteille Bordeaux,
100 pipes,
60 paquets tabac.
107 objets.

Trains de prisonniers (Pontarlier).

6 vareuses,
3 couvertures,

29. Poterne 2.

Les prisonniers de Neu-Ulm venaient de Metz, Thionville et Orléans et avaient en général moins de besoins que leurs voisins d'Ulm.

45 tricots,
10 vareuses,

2 chemises flanelle,
6 gilets flanelle,
25 ceintures flanelle,
17 chemises,
38 caleçons,
1 mouchoir,
37 paires chaussettes,
14 cravattes et cache-nez,
1 paire mitaines,
1 paire gants,
2 paires pantouffles,
1 paire souliers,
livres et pipes.
___
200 objets.

30. Poterne 4.

1 puncho,
92 tricots,
2 vareuses,
7 chemises flanelle,
44 paires chaussettes,
101 chemises,
22 caleçons,
17 cravattes et cache-nez,
2 mouchoirs,
1 paire gants,
1 paire mitaines,
1 paire souliers,
livres et pipes.
___
291 objets.

31. Poterne 6.

131 tricots,
2 tricots laine,
2 vareuses,
9 chemises flanelle,
28 chemises,

33 caleçons,
113 paires chaussettes,
5 cravattes et cache-nez,
1 mouchoir,
livres et pipes,
324 objets.

32. Poterne 7.

95 tricots,
12 vareuses,
12 ceintures flanelle,
31 caleçons,
43 paires chaussettes,
28 cravattes et cache-nez,
1 mouchoir,
7 paires mitaines,
2 paires pantouffles,
livres et pipes.
231 objets.

33. Poterne 8.

55 tricots,
10 vareuses,
1 chemise flanelle,
12 ceintures flanelle,
52 caleçons,
48 paires chaussettes,
22 mouchoirs,
6 cravattes et cache-nez,
4 paires mitaines,
2 paires pantouffles,
livres et pipes.
207 objets.

34. Dillingen.

36 tricots,
4 vareuses,
6 chemises laine,

24 chemises flanelle,
27 ceintures flanelle,
 6 gilets civils,
25 cravattes et cache-nez,
60 mouchoirs,
 6 bonnets feutre,
 2 paires pantouffles,
 8 bouteilles Zucco.
196 objets.

35. Lechfeld. 5000 hommes.

100 tricots,
 50 vareuses,
 20 jacquettes laine,
 25 chemises flanelle,
 30 ceintures flanélle,
109 paires chaussettes,
 28 cravattes et cache-nez.
362 objets.

36. Ingolstadt. 8991 hommes.

72 tricots,
 5 tricots laine,
23 vareuses,
20 jacquettes laine,
25 chemises flanelle,
40 ceintures flanelle,
50 caleçons.
235 objets.

37. Landshut.

25 vareuses,
20 chemises laine,
25 jacquettes laine,
25 chemises flanelle,
50 ceintures flanelle,
46 cache-nez,

36 bonnets noirs.
227 objets.

38. Neubourg.

Objets demandés par MM. Frappier et Mathieu, officiers prisonniers.

24 tricots,
15 vareuses,
20 chemises flanelle,
20 ceintures flanelle,
30 chemises,
36 mouchoirs,
30 cravattes,
25 paquets tabac.
200 objets.

39. Ottobeuren. 1500 hommes.

14 punchos,
86 vareuses,
55 jacquettes laine,
25 chemises flanelle,
14 gilets flanelle,
50 ceintures flanelle,
100 chaussettes,
50 cache-nez,
50 bonnets coton,
50 bonnets feutre,
20 paquets tabac.
494 objets.

40. Roggenbourg. 1500 hommes.

14 punchos,
88 vareuses,
55 jacquettes laine,
25 chemises flanelle,
16 gilets flanelle,
50 ceintures flanelle,

100 paires chaussettes,
 50 cache-nez,
 50 bonnets coton,
 48 bonnets feutre,
220 chemises,
 80 paquets tabac,
 18 bouteilles Zucco.
716 objets.

41. Augsbourg.

100 caleçons,
 58 paires de chaussettes.
158 objets.

PRUSSE.

42. Magdebourg. 25,000 hommes.

Le commandant de Magdebourg, général de Hanstein, est mon beau-frère, et j'étais sûr du bon emploi des objets.

100 tricots,
 16 tricots laine,
  8 vareuses,
 12 chemises laine,
 75 chemises flanelle,
 10 gilets flanelle,
  3 jacquettes piqué,
 84 ceintures flanelle,
  3 couvertures,
  1 manteau,
 21 pantalons,
 14 gilets,
 12 redingotes,
  1 caban,
 12 fichus,
 31 cravattes et cache-nez,
100 mouchoirs,
  7 bonnets feutre,

             1 casquette,
             2 paires souliers,
            14 paires pantouffles.
           ____
           527 objets.

43. Eisenach (Saxe-Weimar). 300 hommes.

La distribution a été faite par Mme d'Egloffstein, ma belle-soeur.

           100 tricots,
            25 chemises flanelle,
            50 gilets flanelle,
            50 ceintures flanelle,
           100 paires chaussettes,
            48 cache-nez,
            32 bonnets feutre,
            24 bonnets coton,
               livres.
           ____
           429 objets.

44. Erfurt. 10,303 hommes.

Erfurt et Cosel m'avaient été signalés comme très-nécessiteux, et l'humanité dont le général de Michaëlis n'a cessé de donner des preuves me garantissait le bon emploi de mes envois.

           548 tricots.
            34 vareuses,
            13 chemises laine,
             6 tricots laine.
            40 chemises flanelle,
            12 gilets flanelle,
            82 ceintures flanelle,
             7 gilets civils.
             3 habits civils.
            65 cravattes et cache-nez,
            75 mouchoirs,
            11 paires mitaines,
             7 bonnets feutre,
            18 bouteilles Zucco.

600 cigares.
903 objets.

45. Cosel.

500 tricots,
20 chemises laine,
9 vareuses,
60 chemises flanelle,
27 gilets flanelle,
75 ceintures flanelle,
1 redingote,
6 gilets civils,
25 cravattes et cache-nez,
75 mouchoirs,
8 bonnets feutre.
806 objets.

46. Ichtershausen (Saxe-Gotha).

Objets demandé par le docteur Hassenstein, notre ancien ami.

2 punchos,
100 caleçons,
208 paires chaussettes,
6 chemises,
29 cache-nez,
36 mouchoirs,
300 cigares,
22 bouteilles Zucco,
2 bout. vin de Hongrie.
381 objets.

X.

Résumés des distributions d'effets.

	Ulm	Total Wurtemberg	Neu-Ulm	Total Bavière	Divers dépôts	Total général
Vêtements de dessus.						
Punchos	7	7	5	33	2	42
Vêtements civils	45	45	—	—	18	63
Gilets civils	22	22	—	6	27	55
Pantalons civils	100	100	—	—	21	121
Robes de chambre . . .	7	7	—	—	—	7
Caoutchoucs	2	2	—	—	—	2
	183	183	5	39	68	290
Vêtements de dessous.						
Molinos gastien . . .	144	144	—	—	—	144
Tricots	4319.	5092	423	655	1248	6995
Tricots laine	21	21	2	7	16	44
Vareuses	168	168	48	334	51	533
Chemises flanelle	191	195	27	196	200	591
Chemises laine	3	3	—	26	45	74
Gilets flanelle	80	80	6	36	99	215
Ceintures flanelle	731	746	49	316	291	1353
Caleçons	1420	1523	176	326	100	1949
Jacquettes laine	—	—	—	175	—	175
Jacquettes piqué	—	—	—	—	3	3
	7077	7972	731	2071	2053	12096
Linge.						
Chemises	1344	1344	146	396	6	1746
Chaussettes (paires) . . .	3509	4208	330	697	308	5213
Mouchoirs	521	587	26	122	186	895
Cravattes et caché-nez . .	805	842	94	323	199	1364
Fichus	—	—	—	—	12	12
	6179	6981	596	1538	711	9230

	Ulm.	Total Wurtemberg	Neu-Ulm	Total Bavière	Divers dépôts	Total généra[l]
Divers.						
Couvertures	3	6	3	3	3	12
Capuchons	16	24	—	—	—	24
Bandages	29	29	—	—	—	29
Bonnets feutre	15	20	—	104	54	193
Bonnets coton	6	6	—	136	24	166
Casquettes	12	12	—	—	1	13
Paires de bras	2	3	—	—	3	6
Gants	5	7	2	2	—	9
Mitaines	27	39	10	10	11	60
Guêtres	11	12	—	—	—	12
Semelles	6	6	—	—	—	6
Souliers	2	2	2	2	2	6
Bottes	3	3	—	—	—	3
Pantouffles	55	61	6	8	14	83
	192	230	23	265	112	622
Vins.						
Zucco (bouteilles)	40	140	36	62	40	242
Bordeaux	11	17	1	1	—	18
Hongrie	—	2	—	—	2	4
	51	159	37	63	42	264
Pipes	1300	1300	300	300	—	1600
Cigares	4925	5025	—	—	900	5925
Tabac (paquets)	252	317	60	185	—	502
Tabac (livres)	13	88	—	—	—	88
Chocolat 2 livres ½.						

Wurtemberg, 13126 prisonniers:

15366 pièces d'habillement dont 13631 pour les 8600 d'Ulm.

Bavière, 8 dépôts:

3913 pièces d'habillement dont 1355 pour les 1050 de Neu-Ulm.

Prusse, 5 dépôts, 2944.

Total général 22238 objets, 264 bouteilles de vin, 1600 pipes 5925 cigares, 502 paquets et 88 livres de tabac.

Tous les dépôts de Wurtemberg et de Neu-Ulm ont reçu en outre de livres.